Illustrations par **YAK (Yacine Ait Kaci)**

La présente édition illustrée de la **Déclaration universelle des droits de l'homme** est publiée par les **Nations Unies** en anglais et en français.

Cette édition illustrée a été créée et conçue en partenariat entre l'artiste **YAK (Yacine Ait Kaci)**, le créateur **d'Elyx**, le **Centre régional d'information des Nations Unies (UNRIC)** et le **Haut-Commissariat des Nations Unies aux droits de l'homme – Bureau régional pour l'Europe.**

La présente édition illustrée de la DUDH peut être reproduite et/ou traduite totalement ou partiellement sans autorisation préalable à condition qu'elle soit distribuée gratuitement. Les éditeurs sont tenus d'ôter l'emblème des Nations Unies de leur édition et de citer la source. Les traductions doivent porter la clause suivante : « Le présent document est une traduction non-officielle pour laquelle l'éditeur décline toute responsabilité ».

Toutes les demandes relatives à la vente d'extraits, de photocopies, de rééditions ou de traductions de cette édition de la DUDH doivent être adressées à **permissions@un.org**

Les dessins de YAK figurant dans cette édition illustrée de la DUDH sont protégés par le droit d'auteur et ne peuvent être reproduits que pour illustrer le texte de la DUDH.

ISBN : 978-92-1-300257-5
eISBN : 978-92-1-057249-1
Numéro de vente : F.15.I.2

La Déclaration universelle des droits de l'homme n'a rien perdu de son actualité depuis le jour de 1948 où elle a été proclamée et adoptée par l'Assemblée générale des Nations Unies. La clairvoyance et la détermination extraordinaires de ses auteurs ont donné un document qui, pour la première fois, énonçait les droits et les libertés inaliénables dont tous les êtres humains devaient pouvoir jouir sur un pied d'égalité.

Aujourd'hui disponible dans plus de 360 langues, la Déclaration est le document le plus traduit du monde, ce qui témoigne de l'universalité tant de son contenu que de sa portée. Elle est désormais l'étalon par rapport auquel se mesurent le juste et l'injuste. Elle est le fondement d'un avenir d'équité et de dignité pour tous, et offre aux gens du monde entier une arme puissante contre l'oppression, l'impunité et les atteintes à la dignité humaine.

C'est dans la Charte des Nations Unies qu'est ancré l'engagement de l'Organisation en faveur

des droits de l'homme. La communauté internationale a le devoir de défendre et de faire respec-
ter ces droits. Nous devons veiller à ce que ceux
dont les droits sont le plus en péril sachent que
la Déclaration existe, et qu'elle existe pour eux.
Nous devons chacun faire notre part pour que les
droits universels qu'elle énonce aient une réalité
concrète dans la vie de tous les hommes, toutes les
femmes et tous les enfants, partout dans le monde.

*BAN Ki-moon*
*secrétaire-général des Nations Unies*

« Tous les êtres humains naissent libres et égaux en dignité et en droits » sont certainement les mots les plus beaux et les plus profonds qu'un accord international n'ait jamais contenu. Les engagements pris par les Etats dans la Déclaration universelle des droits de l'homme constituent en soi un immense accomplissement, jetant le discrédit sur la tyrannie, les discriminations et le mépris qui ont marqué l'histoire.

La Déclaration universelle promet à tous les droits économiques, sociaux, politiques, culturels et civiques qui permettent une vie libérée du besoin et de la peur. Ils ne sont pas une récompense à un bon comportement. Ils ne sont pas spécifiques à un pays, à une époque ou à un groupe social. Ce sont les droits inaliénables de chacun, en tout temps, partout, pour les peuples de toutes couleurs, toutes races et tous groupes ethniques, qu'ils soient handicapés ou non, citoyens ou migrants, quels que soient leur sexe, leur classe sociale, leur caste, leur croyance, leur âge ou leur orientation sexuelle.

Les atteintes aux droits de l'homme n'ont pas cessé avec l'adoption de la Déclaration universelle. Mais depuis, un nombre incalculable de personnes ont gagné une plus grande liberté. Des violations de ces droits ont été évitées, beaucoup ont gagné en indépendance et autonomie. De nombreuses personnes, mais pas toutes, ont pu se libérer de la torture, des détentions arbitraires, des exécutions sommaires, des disparitions forcées, des persécutions et des discriminations et, dans le même temps, ont eu un accès équitable à l'éducation, aux débouchés économiques, à des ressources suffisantes et à des soins de santé. Elles ont obtenu justice et une protection nationale et internationale de leurs droits, grâce à la force d'un système international légal des droits de l'homme.

La puissance de la Déclaration universelle réside dans la puissance de l'idée qu'elle contient :

celle de changer le monde. Cela nous inspire pour continuer à travailler à ce que tout le monde puisse jouir de la liberté, l'égalité et la dignité. Un des aspects fondamentaux de cette tâche est de permettre aux peuples de réclamer ce qui devrait leur être garanti : leurs libertés fondamentales. Ce livret constitue une modeste mais précieuse contribution à cette tâche.

*Zeid Ra'ad Al Hussein*
*Haut-Commissaire des Nations Unies*
*aux droits de l'homme*

# Déclaration Universelle des Droits de l'Homme

NATIONS
UNIES

*Considérant* que la reconnaissance de la dignité inhérente à tous les membres de la famille humaine et de leurs droits égaux et inaliénables constitue le fondement de la liberté, de la justice et de la paix dans le monde,

*Considérant* que la méconnaissance et le mépris des droits de l'homme ont conduit à des actes de barbarie qui révoltent la conscience de l'humanité et que l'avènement d'un monde où les êtres humains seront libres de parler et de croire, libérés de la terreur et de la misère, a été proclamé comme la plus haute aspiration de l'homme,

*Considérant* qu'il est essentiel que les droits de l'homme soient protégés par un régime de droit pour que l'homme ne soit pas contraint, en suprême recours, à la révolte contre la tyrannie et l'oppression,

*Considérant* qu'il est essentiel d'encourager le développement de relations amicales entre nations,

*Considérant* que dans la Charte les peuples des

Déclaration
Universelle des
Droits de l'Homme

Nations Unies ont proclamé à nouveau leur foi
dans les droits fondamentaux de l'homme, dans la
dignité et la valeur de la personne humaine, dans
l'égalité des droits des hommes et des femmes,
et qu'ils se sont déclarés résolus à favoriser le
progrès social et à instaurer de meilleures conditions de vie dans une liberté plus grande,

*Considérant* que les États Membres se sont engagés
à assurer, en coopération avec l'Organisation des
Nations Unies, le respect universel et effectif des
droits de l'homme et des libertés fondamentales,

NATIONS
UNIES

*Considérant* qu'une conception commune de ces droits et libertés est de la plus haute importance pour remplir pleinement cet engagement,

**L'Assemblée générale**

proclame la présente

**Déclaration Universelle des Droits de l'Homme**

comme l'idéal commun à atteindre par tous les peuples et toutes les nations afin que tous les individus et tous les organes de la société, ayant cette Déclaration constamment à l'esprit, s'efforcent, par l'enseignement et l'éducation, de développer le respect de ces droits et libertés et d'en assurer, par des mesures progressives d'ordre national et international, la reconnaissance et l'application universelles et effectives, tant parmi les populations des États Membres eux-mêmes que parmi celles des territoires placés sous leur juridiction.

**Article**
**01**

Tous les êtres humains naissent libres et égaux en dignité et en droits. Ils sont doués de raison et de conscience et doivent agir les uns envers les autres dans un esprit de fraternité.

## Article
## 02

1. Chacun peut se prévaloir de tous les droits etde toutes les libertés proclamés dans la présente Déclaration, sans distinction aucune, notamment de race, de couleur, de sexe, de langue, de religion, d'opinion politique ou de toute autre opinion, d'origine nationale ou sociale, de fortune, de naissance ou de toute autre situation.

2. De plus, il ne sera fait aucune distinction fondée sur le statut politique, juridique ou international du pays ou du territoire dont une personne est ressortissante, que ce pays ou territoire soit indépendant, sous tutelle, non autonome ou soumis à une limitation quelconque de souveraineté.

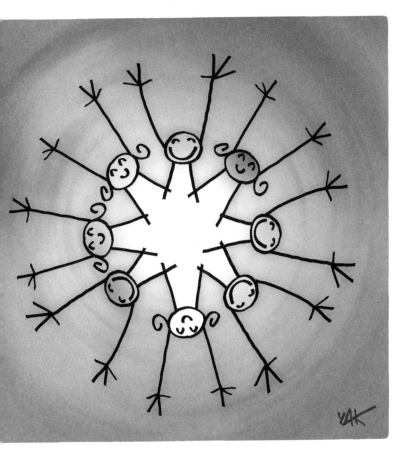

**Article**

**03**

Tout individu a droit à la vie, à la liberté et à la sûreté de sa personne.

NATIONS
UNIES

**Article**

Nul ne sera tenu en esclavage ni en servitude ; l'esclavage et la traite des esclaves sont interdits sous toutes leurs formes.

**Article**
**05**

Nul ne sera soumis à la torture, ni à des peines ou traitements cruels, inhumains ou dégradants.

**Article**
**06**

Chacun a le droit à la reconnaissance en tous lieux de sa personnalité juridique.

NATIONS
UNIES

**Article**
**07**

Tous sont égaux devant la loi et ont droit sans distinction à une égale protection de la loi. Tous ont droit à une protection égale contre toute discrimination qui violerait la présente Déclaration et contre toute provocation à une telle discrimination.

**Article**
**08**

Toute personne a droit à un recours effectif devant les juridictions nationales compétentes contre les actes violant les droits fondamentaux qui lui sont reconnus par la constitution ou par la loi.

**Article**

Nul ne peut être arbitrairement arrêté,
détenu ni exilé.

**Article**

**10**

Toute personne a droit, en pleine égalité, à ce que sa cause soit entendue équitablement et publiquement par un tribunal indépendant et impartial, qui décidera soit de ses droits et obligations, soit du bien-fondé de toute accusation en matière pénale dirigée contre elle.

**Article**
**11**

1. Toute personne accusée d'un acte délictueux est présumée innocente jusqu'à ce que sa culpabilité ait été légalement établie au cours d'un procès public où toutes les garanties nécessaires à sa défense lui auront été assurées.

2. Nul ne sera condamné pour des actions ou omissions qui, au moment où elles ont été commises, ne constituaient pas un acte délictueux d'après le droit national ou international. De même, il ne sera infligé aucune peine plus forte que celle qui était applicableau moment où l'acte délictueux a été commis.

**Article**
**12**

Nul ne sera l'objet d'immixtions arbitraires dans sa vie privée, sa famille, son
domicile ou sa correspondance, ni d'atteintes à son honneur et à sa réputation.
Toute personne a droit à la protection de
la loi contre de telles immixtions ou de
telles atteintes.

**Article**

**13**

1. Toute personne a le droit de circuler librement et de choisir sa résidence à l'intérieur d'un État.

2. Toute personne a le droit de quitter tout pays, y compris le sien, et de revenir dans son pays.

NATIONS
UNIES

**Article**
**14**

1. Devant la persécution, toute personne a le droit de chercher asile et de bénéficier de l'asile en d'autres pays.

2. Ce droit ne peut être invoqué dans le cas depoursuites réellement fondées sur un crime de droit commun ou sur des agissements contraires aux buts et aux principes des Nations Unies.

**Article**
**15**

1. Tout individu a droit à une nationalité.

2. Nul ne peut être arbitrairement privé de sa nationalité, ni du droit de changer de nationalité.

## Article 16

1. À partir de l'âge nubile, l'homme et la femme, sans aucune restriction quant à la race, la nationalité ou la religion, ont le droit de se marier et de fonder une famille. Ils ont des droits égaux au regard du mariage, durant le mariage et lors de sa dissolution.

2. Le mariage ne peut être conclu qu'avec le libre et plein consentement des futurs époux.

3. La famille est l'élément naturel et fondamental de la société et a droit à la protection de la société et de l'État.

NATIONS
UNIES

**Article**
**17**

1. Toute personne, aussi bien seule qu'en collectivité, a droit à la propriété.

2. Nul ne peut être arbitrairement privé de sa propriété.

**Article**
**18**

Toute personne a droit à la liberté de pensée, de conscience et de religion ; ce droit implique la liberté de changer de religion ou de conviction ainsi que la liberté de manifester sa religion ou sa conviction, seule ou en commun, tant en public qu'en privé, par l'enseignement, les pratiques, le culte et l'accomplissement des rites.

**Article**

**19**

Tout individu a droit à la liberté d'opinion et d'expression, ce qui implique le droit de ne pas être inquiété pour ses opinions et celui de chercher, de recevoir et de répandre, sans considérations de frontières, les informations et les idées par quelque moyen d'expression que ce soit.

NATIONS
UNIES

**Article
20**

1. Toute personne a droit à la liberté de réunion et d'association pacifiques.

2. Nul ne peut être obligé de faire partie d'une association.

**Article**
**21**

1. Toute personne a le droit de prendre part à la direction des affaires publiques de son pays, soit directement, soit par l'intermédiaire de représentants librement choisis.

2. Toute personne a droit à accéder, dans des conditions d'égalité, aux fonctions publiques de son pays.

3. La volonté du peuple est le fondement de l'autorité des pouvoirs publics ; cette volonté doit s'exprimer par des élections honnêtes qui doivent avoir lieu périodiquement, au suffrage universel égal et au vote secret ou suivant une procédure équivalente assurant la liberté du vote.

**Article**
**22**

Toute personne, en tant que membre de la société, a droit à la sécurité sociale; elle est fondée à obtenir la satisfaction des droits économiques, sociaux et culturels indispensables à sa dignité et au libre développement de sa person- nalité, grâce à l'effort national et à la coopération internationale, compte tenu de l'organisation et des ressources de chaque pays.

**Article**
**23**

1. Toute personne a droit au travail, au libre choix de son travail, à des conditions équitables et satisfaisantes de travail et à la protection contre le chômage.

2. Tous ont droit, sans aucune discrimination, à un salaire égal pour un travail égal.

3. Quiconque travaille a droit à une rémunération équitable et satisfaisante lui assurant ainsi qu'à sa famille une existence conforme à la dignité humaine et complétée, s'il y a lieu, par tous autres moyens de protection sociale.

4. Toute personne a le droit de fonder avec d'autres des syndicats et de s'affilier à des syndicats pour la défense de ses intérêts.

**Article 24**

Toute personne a droit au repos et aux loisirs et notamment à une limitation raisonnable de la durée du travail et à des congés payés périodiques.

**Article**
**25**

1. Toute personne a droit à un niveau de vie suffisant pour assurer sa santé, son bien-être et ceux de sa famille, notamment pour l'alimentation, l'habillement, le logement, les soins médicaux ainsi que pour les services sociaux nécessaires ; elle a droit à la sécurité en cas de chômage, de maladie, d'invalidité, de veuvage, de vieillesse ou dans les autres cas de perte de ses moyens de subsistance par suite de circonstances indépendantes de sa volonté.

2. La maternité et l'enfance ont droit à une aide et à une assistance spéciales. Tous les enfants, qu'ils soient nés dans le mariage ou hors mariage, jouissent de la même protection sociale.

**Article 26**

1. Toute personne a droit à l'éducation. L'éducation doit être gratuite, au moins en ce qui concerne l'enseignement élémentaire et fondamental. L'enseignement élémentaire est obligatoire. L'enseignement technique et professionnel doit être généralisé ; l'accès aux études supérieures doit être ouvert en pleine égalité à tous en fonction de leur mérite.

2. L'éducation doit viser au plein épanouissement de la personnalité humaine et au renforcement du respect des droits de l'homme et des libertés fondamentales. Elle doit favoriser la compréhension, la tolérance et l'amitié entre toutes les nations et tous les groupes raciaux ou religieux, ainsi que le développement des activités des Nations Unies pour le maintien de la paix.

3. Les parents ont, par priorité, le droit de choisir le genre d'éducation à donner à leurs enfants.

**Article**
**27**

1. Toute personne a le droit de prendre part librement à la vie culturelle de la communauté, de jouir des arts et de participer au progrès scientifique et aux bienfaits qui en résultent.

2. Chacun a droit à la protection des intérêts moraux et matériels découlant de toute production scientifique, littéraire ou artistique dont il est l'auteur.

NATIONS
UNIES

**Article**
**28**

Toute personne a droit à ce que règne, sur le plan social et sur le plan international, un ordre tel que les droits et libertés énoncés dans la présente Déclaration puissent y trouver plein effet.

**Article 29**

1. L'individu a des devoirs envers la communauté dans laquelle seul le libre et plein développement de sa personnalité est possible.

2. Dans l'exercice de ses droits et dans la jouissance de ses libertés, chacun n'est soumis qu'aux limitations établies par la loi exclusivement en vue d'assurer la reconnaissance et le respect des droits et libertés d'autrui et afin de satisfaire aux justes exigences de la morale, de l'ordre public et du bien-être général dans une société démocratique.

3. Ces droits et libertés ne pourront, en aucun cas, s'exercer contrairement aux buts et aux principes des Nations Unies.

**Article**
**30**

Aucune disposition de la présente Déclaration ne peut être interprétée comme impliquant, pour un État, un groupement ou un individu, un droit quelconque de se livrer à une activité ou d'accomplir un acte visant à la destruction des droits et libertés qui y sont énoncés.